DES
LANGUES OCÉANIENNES

CONSIDÉRÉES

SOUS LE RAPPORT
ETHNOGRAPHIQUE ET PHILOLOGIQUE.

DISCOURS

PRONONCÉ LE 17 DÉCEMBRE 1849
A L'ÉCOLE SPÉCIALE DES LANGUES ORIENTALES VIVANTES,
DANS LA SÉANCE D'OUVERTURE DU COURS DE LANGUES ET DE LITTÉRATURES
MALAYES ET JAVANAISES.

PAR M. ED. DULAURIER.

PARIS.
ARTHUS BERTRAND, LIBRAIRE,
21, RUE HAUTEFEUILLE.

1850.

EXTRAIT DES NOUVELLES ANNALES DES VOYAGES, 1850.

PARIS. — IMPRIMÉ PAR E. THUNOT ET Cᵉ.
Rue Racine, 26, près de l'Odéon.

DES LANGUES OCÉANIENNES

CONSIDÉRÉES

SOUS LE RAPPORT ETHNOGRAPHIQUE ET PHILOLOGIQUE,

Si l'on étudie le mouvement accompli par l'humanité dans ses migrations sur la surface du globe, il est impossible de ne pas être frappé de la force d'expansion qui préside, comme une loi organique, au développement des peuples de race blanche. Sortis de l'Asie, leur berceau, ces peuples que les naturalistes modernes ont désignés sous le nom de Caucasiens ou Japétiques, se sont répandus, depuis l'antiquité la plus reculée, sur toute l'Europe. Quatre siècles ne se sont pas encore écoulés depuis que l'Amérique a été envahie par eux, et déjà ils occupent la plus grande partie de ce vaste continent. De nos jours ce mouvement continue avec une activité incessante, et nul ne saurait fixer le terme où il s'arrêtera. L'Asie entamée de tous côtés s'ouvre à l'ardeur infatigable de cette race entreprenante. Dans l'Afrique elle règne sur presque toute la côte septentrionale ; elle s'est implantée au sud, à l'ouest, et cherche à mettre le pied sur la côte orientale, en attendant qu'elle puisse s'élancer dans les profondeurs mystérieuses de ce continent inhospitalier. Mais nulle part ces progrès n'ont été plus sensibles que dans l'Océanie, tant est court l'intervalle qui nous sépare de l'époque où ils ont commencé. Nulle part aussi les conquêtes de la colonisation européenne n'ont été plus rapides, plus fécondes. Lorsque vers la fin du siècle dernier Lapérouse et Cook abordèrent à Botany-Bay, les immenses et verdoyantes solitudes de l'Australie étaient le domaine de quelques faibles tribus nomades, vivant dans la plus misérable condition sociale qui se puisse imaginer. L'Australie, devenue aujourd'hui un centre de production agricole et de transactions commerciales considérables, a pris rang parmi les plus importantes possessions que l'Angleterre ait acquises dans les mers d'Orient. Les colonies chaque jour plus florissantes de Swan River sur la côte sud-ouest, du Port du Roi Georges, d'Adélaïde, et de Port Western sur la côte sud, ne comptent pas plus de vingt années d'existence. Sur la côte orientale, Sydney, métropole d'un royaume dont les limites reculent sans cesse, Sydney est doté de tous les établissements d'utilité publique qui recommandent nos villes d'Europe, hôpitaux, observatoire, écoles, sociétés savantes, etc. ; et ce qui atteste encore mieux peut-être le mouvement intellectuel dont cette ville est le centre, c'est l'extension qu'y a prise la presse périodique : il s'y publie huit ou dix journaux quo-

tidiens ou Revues. La Nouvelle-Galle qui, suivant
un recensement fait en 1821, renfermait une popu-
lation de 37,068 habitants, en a maintenant près
de 70,000. A l'Australie se rattache comme une de
ses principales dépendances, la Nouvelle-Zélande;
cet archipel couvert de forêts riches de bois de
construction, découpé par des baies profondes et
sûres, et dont la position est si favorable pour la
pêche de la baleine. Mais un fait plus curieux à observer dans ce monde né au milieu des flots du
Grand Océan, c'est le développement qu'a pris aux
îles Sandwich la civilisation indigène, qui, suivant
l'énergique et pittoresque expression d'un missionnaire français, témoin de ces merveilles, *y marche
à la vapeur*. Il y a à peine quelques années, la voix
des méthodistes américains appelait à la vie chré-
tienne et sociale ces populations encore sauvages,
et aujourd'hui dotées d'un gouvernement régulier
et organisé sur le modèle des institutions des États
constitutionnels de l'Europe. Ces îles éloignées qui
étaient pour nous un point imperceptible et presque ignoré sur la surface des mers, sont entrées
dans la sphère des intérêts actifs et militants de la
politique européenne, et sont devenues un terrain
sur lequel ses prétentions se sont rencontrées en
rivalité. N'avons-nous pas vu, dans ces derniers
temps, la question de l'indépendance des îles Sandwich prête à faire surgir entre trois grandes puis-
sances maritimes, la France, l'Angleterre et les
États-Unis, des difficultés tout aussi graves que

celles qu'aurait soulevées la reconnaissance de quelque souveraineté Européene?

Si nous tournons nos regards vers la partie occidentale de l'Océanie, vers l'archipel d'Asie, un spectacle de progrès non moins extraordinaires nous y attend. Dans le détroit de Malaka, cette clef des mer de la Chine et du Japon, s'élève la ville de Singapore, fondée par Stamford Raffles en 1819, et dont l'admirable position commerciale a porté si haut en quelques années la prospérité. Singapore est l'anneau principal de cette chaîne immense de stations, qui, par le Sénégal, le cap de Bonne-Espérance, Maurice, Bourbon, le Malabar, Ceylan, Coromandel, s'étend entre l'Europe d'un côté, la Chine, l'archipel d'Asie, et le monde océanien de l'autre, et qui relie, par un mouvement où tout se tient, les points extrêmes du globe Que l'on se rende dans l'Asie orientale, et vers les riches marchés de l'archipel d'Asie, par l'Orient ou par l'Occident, par le cap de Bonne-Espérance ou le cap Horn, l'Océanie est le grand chemin qui s'ouvre au commerce et à la navigation.

Ces terres, a dit un illustre géographe, ces terres présentent de toutes parts des scènes propres à émouvoir l'imagination la plus froide. Que de nations encore novices! que de grandes carrières ouvertes à l'activité commerciale! que de productions précieuses déjà conquises par notre luxe insatiable! que de trésors encore cachés aux regards de la science! que de golfes, de ports et de détroits, de hautes montagnes et d'agréables plaines ! quelle magnificence, quelle solitude, quelle originalité et quelle variété (1) !

Au moment donc où le monde océanien s'ouvre devant nous et depuis que la France y a planté son drapeau, les recherches qui ont pour objet les langues parlées dans cette partie du globe ont pris un double intérêt, né des découvertes philologiques qu'offre une famille d'idiomes encore inexplorée par la science, et de l'utilité pratique qu'impriment à ces recherches nos nouvelles relations dans la mer du Sud. L'étude de ces dialectes est le plus sûr moyen d'initiation à la connaissance de la géographie et de l'histoire de ces contrées et à celles des mœurs des insulaires qui les habitent. Elle est par conséquent un instrument actif de domination sur eux.

La classification des idiomes océaniens ayant sa source dans la distinction des races et dans la configuration des pays où elles sont disséminées, nous avons d'abord à passer en revue les données que la géographie et l'ethnographie nous fournissent, afin de déterminer ensuite comment ces données s'accordent avec celles de la linguistique.

Les limites de l'Océanie, tracées suivant la division généralement adoptée s'étendent depuis la pointe d'Atcheh (Achem) à l'extrémité nord-ouest de Sumatra, là où le cinquième parallèle nord est coupé par le 93° 15′ de longitude orientale jusqu'à

(1) Maltebrun, Précis de la Géographie Universelle ; liv. 126e, t. VI, p. 385, éd. Huot Paris, in-8°, 1835.

quinze degrés à l'ouest des côtes d'Amérique. Suivant un géographe récent, Domeny de Rienzi, ces limites doivent être portées vers l'ouest, jusqu'à la pointe nord de la place septentrionale des îles Andaman, et cette opinion me paraît fondée en raison, car les archipels Andaman et Nicobar appartiennent évidemment par leur direction à la chaîne des îles sumatriennes. Du sud au nord les limites de l'océanie vont depuis les îles de l'Evêque et son Clerc vers le cinquante-cinquième parallèle, jusqu'à dix degrés au sud des îles Aléoutiennes, qui gisent vers le 40° de latitude boréale et doivent être annexées à l'Amérique.

Le détroit de Malaka qui s'ouvre entre la péninsule de ce nom et l'île Sumatra et le détroit des îles Babuyanes, entre les Philippines et Formose, séparent l'Océanie de l'Asie. L'île de Salas qui la termine à l'est vers le 107e méridien à l'ouest de Paris, place un intervalle de 600 lieues marines entre cette limite extrême et le continent américain.

La nature a partagé ce vaste ensemble de terres en plusieurs groupes qui se distinguent par leur structure géologique, les conditions de climature, les productions du sol, et par les variétés des races d'hommes qui les occupent. Mais les géographes diffèrent sur la démarcation exacte de chacun de ces groupes. Maltebrun et son continuateur, Huot, ont proposé d'établir dans l'Océanie trois grandes divisions, et ce mode de partage a obtenu l'approbation d'un savant académicien, M. le Baron de

Walckenaër. La dénomination de Notasie, c'est-à-dire Asie méridionale, fut attribuée d'abord dans ce système aux îles appelées ordinairement grand archipel d'Asie, archipel Indien ou archipel d'Orient, en y comprenant les Philippines, les Moluques, Célèbes, Bornéo, Sumatra, Java, et toute la chaîne des îles de la Sonde. Mais cette dénomination peu exacte fut remplacée par celle de Malaisie qui est aujourd'hui d'un usage général et que l'on doit à M. Lesson. Cet habile naturaliste avait en effet remarqué en visitant ces archipels, que toutes les côtes sont peuplées de Malays. Ce groupe forme ce que nous appellerons, avec Maltebrun, l'Océanie Occidentale. La seconde des trois divisions adoptées par ce géographe, réunit à l'Australie, nommée aussi Nouvelle-Hollande et quelquefois Notasie, tous les archipels qui entourent cette île immense ou plutôt ce continent, comme la Nouvelle-Guinée, la Nouvelle-Bretagne, la Nouvelle-Irlande, les archipels de Salomon, de la Louisiade, du Saint-Esprit, la Nouvelle Calédonie, la Nouvelle-Zélande et la terre de Van-Diemen : c'est l'Océanie centrale. Enfin la troisième section embrasse à l'est cette multitude de petites îles sorties du sein de l'Océan Pacifique, depuis les Mariannes jusqu'à l'île de Pâques et Hawaii.

A cette triple division fondée sur les caractères physiques de chacun des groupes dont elle se compose, Dumont d'Urville en a substitué une autre, à laquelle il a donné pour base les affinités du lan-

gage des populations océaniennes, la coloration de
leur peau et leurs institutions religieuses. Elle tient
par conséquent plutôt à l'ethnographie qu'à la gé-
graphie proprement dite. Elle conserve le premier
groupe de Maltebrun, le grand archipel d'Asie, en
lui laissant le nom de Malaisie. Les contrées sur
lesquelles la race noire s'est propagée dans l'Océa-
céanie, la Nouvelle-Hollande et les archipels qui
l'avoisinent au nord et à l'est, savoir la Nouvelle-
Guinée, la Nouvelle-Bretagne, les îles Salomon et
les Nouvelles-Hébrides, jusqu'aux îles Fidji, vers
le 180° de longitude orientale, constituent la seconde division de d'Urville, nommée par lui Mélanésie. Si l'on trace une ligne à partir du point
d'intersection du 45ᵉ parallèle sud, avec le 160° méridien à l'est de Paris, en l'inclinant pour la faire
passer entre les Archipels Fidji et Tonga, jusqu'au
point où le 25ᵉ parallèle nord est coupé par le 165ᵉ
méridien à l'ouest de Paris, et en y renfermant à
gauche les îles Havaii, on aura, dans l'espace com-
pris entre cette ligne et la côte d'Amérique, le troisième groupe de d'Urville celui qu'il a appelé Polynésie. Là se trouvent des peuples de couleur cui-
vrée, parlant les dialectes d'une langue commune,
et obéissant tous à la loi religieuse du Tapou ou Ta-
bou qui est une sorte d'interdiction ou d'anathème.

Enfin la quatrième division de d'Urville comprend
cette suite de petites îles qui se déploie dans l'hémisphère boréal, entre le 126° de longitude orientale,
et le 167° de longitude occidentale, et à laquelle

il a imposé la dénomination très-significative de
Micronésie. Ces îles dont les principales sont King's-
mill, les Mariannes, les Carolines, l'archipel Pelew,
sont habitées, d'après le témoignage de ce navigateur, par des populations très-diverses, dont le
langage, les coutumes et les formes de gouvernement varient d'un archipel à l'autre.

Malgré l'estime que méritent les travaux de Dumont d'Urville, et le respect qui est dû à sa mémoire,
il doit être permis de signaler les vices de sa classification. Ainsi la présence de la race noire n'est pas
particulière à cette division de l'Océanie qu'il a appelée Mélanésie; car on la retrouve à Bornéo, aux
Philippines, dans plusieurs îles de la Sonde et dans
la Péninsule de Malaka; et suivant une hypothèse
qui paraît assez probable, cette race est indigène
dans ces dernières contrées, tandis que les Malays
sont venus en conquérants dans des temps posté-
rieurs s'établir sur les côtes, d'où ils ont refoulé
dans l'intérieur des terres les populations auto-
chthones. Il y a plus; les peuplades de la partie septentrionale de l'Océanie ou Micronésie sont trop
peu connues pour que l'on puisse affirmer comme
l'a fait ce célèbre et infortuné navigateur, qu'elles
n'ont rien de commun sous le rapport du langage
et des croyances religieuses avec les nations de la
Polynésie, et faire de ce défaut supposé de confor-
mité la base d'une double division. Si l'on voulait
resserrer cette partie du monde océanien dans l'espace qui lui a été assigné par Domeny de Rienzi,

c'est-à-dire la renfermer du sud au nord entre deux
degrés environ au-dessous du tropique du Cancer
et le 40ᵉ parallèle, et de l'ouest à l'est entre les îles
Borodino et l'île Necker vers le 167° de longitude
orientale, on obtiendrait un groupe qui, ne renfermant que de petites îles et des rochers déserts, offre
une configuration différente de celle du reste de
l'Océanie et une division homogène et bien tranchée. C'est celle que Domeny de Rienzi appelle Micronésie, en empruntant un des noms créés par
Dumont d'Urville.

Les défauts que je viens de signaler dans la classification de ce dernier m'empêcheront de l'adopter
dans ce travail, bien qu'elle semble au premier aspect se prêter mieux qu'aucune autre aux investigations de la linguistique, je veux dire, à la distri-
bution des différents archipels de l'Océanie, tracée
suivant les affinités des dialectes en usage dans cette
partie du monde. Ces données sont encore trop in-
complètes pour qu'elles puissent servir de fondement à une classification définitive. Je reviens donc
au système de Maltebrun et de M. de Walckenaër
et je partagerai avec eux l'Océanie en trois grandes
divisions : 1° l'archipel d'Asie ou Malaisie, qui est
l'Océanie occidentale ; 2° l'Australie et les archipels
qui l'environnent, ou l'Océanie centrale ; 3° et les
îles de la Polynésie ou Océanie orientale.

L'île de Madagascar où règne un dialecte tellement rapproché du Malay, que Domeny de Rienzi
a pu le qualifier d'une manière très-ingénieuse et

très-vraie du nom de *malay africain*, la péninsule de Malaka qui depuis le XIe siècle a été le siége principal des peuples malays, et l'île Formose dont le dialecte est évidemment un rameau de la souche océanienne, doivent être considérées comme des annexes de notre premier groupe ou Océanie occidentale.

Considérée dans son aspect physique, l'Océanie se distingue par un caractère particulier des autres divisions du globe. Placée au milieu du grand Océan, elle constitue un monde essentiellement maritime, quoiqu'elle soit située presque entièrement sous les tropiques ; cependant l'élévation considérable des terres au-dessus des eaux, et l'influence salutaire des brises de mer, donnent à son climat une fraîcheur et un charme inconnus sous les latitudes équatoriales. A Tahiti, par exemple, un printemps continuel pare le sol d'une végétation splendide, lui donne une perpétuelle fécondité et fait de cette île un séjour ravissant.

C'est à l'action des feux souterrains qu'est due la formation de la plupart des îles océaniennes. Les unes sont dominées par des cratères depuis longtemps éteints ; les autres, par des volcans encore en pleine activité. Les traditions malayes font mention de ces *montagnes de feu*, et y placent souvent le théâtre des exploits chevaleresques des héros des anciens âges. Il pourrait être utile de consulter ces récits qui, sous le voile d'une fiction, cachent souvent des vérités historiques ou scientifiques.

Toutes les terres de l'Océanie paraissent se coordonner en plusieurs systèmes de montagnes dont les chaînes n'offrent nulle part, si ce n'est en Amérique, une direction aussi constante du sud au nord, une polarité plus marqué. Ces chaînes s'inclinent généralement, vers le milieu, en une grande courbure qui tend de l'ouest à l'est. Celle des îles de la Sonde qui court dans une direction nord-ouest sud-est et qui, commençant aux îles Andaman, se prolonge par Sumatra, Java, Bali, au sud de la mer des Moluques, jusqu'à Timor Laut, est une des mieux connues. Les Montagnes Bleues qui, dans la partie orientale de l'Australie, s'étendent en ligne droite du nord au sud, et qui, s'ouvrent pour laisser un passage au détroit de Bass entre l'Australie et la terre de Van Diemen, se terminent dans cette dernière contrée en gigantesques masses de basalte au Cap du Sud et au Cap Pillar. On pourrait ramener à onze ou douze chaînes principales, le système d'après lequel sont répartis tous ces archipels.

Il en est d'autres qui ont une constitution géologique différente; telles sont ces îles basses qui, à l'extrémité orientale de la Polynésie, s'élèvent à peine à fleur d'eau, immense archipel construit par le travail incessant d'un faible insecte, le polype lithophyte qui a semé tous ces parages de roches sous-marines. Ces îles présentent presque toutes la même configuration. Le récif de corail sur lequel elles sont assises s'étend en forme circulaire et s'ouvre

au centre en une lagune où s'accumulent du sable
et des débris marins.

Les vents et les courants qui dominent dans le
grand Océan suivent une impulsion unique, qui
va de l'est à l'ouest, en sens inverse de la rota-
tion du globe ; mais ce mouvement ne se fait sentir
d'une manière permanente qu'entre les tropiques ;
à quarante degrés au sud et au nord de l'équateur
les vents deviennent variables. Cependant Cook
trouva toujours des vents d'est dans les mers polaires
australes, tandis que dans l'hémisphère opposé, vers
le 45ᵉ parallèle, soufflent toujours des vents d'ouest.
C'est au milieu de leurs audacieux essais de navigation dans la mer du sud, que les Espagnols décou-
vrirent l'existence de ce grand courant atmosphé-
rique. Un habile cosmographe, frère Andres de
Urdaneta, pilote de la flotte qui conduisit en 1564
Legaspi du Mexique aux Philippines, conçut, en
s'en retournant, la pensée de remonter vers le nord
pour profiter des vents d'ouest. Il atteignit le
43° de latitude boréale, et ayant rencontré les vents
qu'il cherchait, il parvint par cette manœuvre hardie
à la fois et savante, à gagner sans obstacle le terme
de son voyage. Depuis lors, les Espagnols en se
maintenant à cette hauteur du pôle, dans leur re-
tour des Philippines à la Nouvelle Espagne, n'a-
vaient qu'à abandonner les voiles de leurs galions à
ces vents alisés qui rendaient leur navigation aussi
facile que régulière.

La connaissance des courants atmosphériques

qui règnent dans la mer des Indes et la mer pacifique peut jeter un très-grand jour sur la direction
qu'ont suivie les migrations des insulaires Océaniens
et ne doit pas être négligée dans cette étude.

Dans la description physique de l'Océanie, le trait
le plus remarquable et le plus important pour nous,
puisqu'il est en rapport immédiat avec les recherches de la linguistique, c'est le caractère physio-
logique des races humaines qui l'habitent.

Les populations peuvent être rattachées à deux
souches, la race jaune ou brunâtre et la race noire.
De la première sont issues deux variétés, dont l'une
se trouve dans l'archipel d'Asie, et l'autre dans
l'Océanie orientale.

Si l'on s'en tient au portrait que Raffles et M. John
Crawfurd ont esquissé des populations malayes,
telles qu'ils les ont observées à Java et à Sumatra,
elles se rapprocheraient du type qui est propre aux
nations de l'est et du centre de l'Asie.

Cette ressemblance doit être attribuée à une com-
munauté d'origine, au mélange continuel des émi-
grants chinois avec les femmes de l'archipel d'Asie,
et peut-être même à ces deux causes à la fois.
M. Crawfurd nous représente les populations bru-
nâtres de la Malaisie comme ayant entre elles une
telle similitude qu'une même description peut suf-
fire pour toutes. Leur stature est petite, trapue et
robuste. Leur taille moyenne peut être évaluée à
1 mètre 575 millimètres pour les hommes, à 1 mètre
5 centimètres pour les femmes, ce qui donne environ

10 centimètres de moins que la taille moyenne des Européens. Leurs membres inférieurs sont un peu massifs et lourds, mais assez bien conformés. Leurs bras sont plutôt charnus que musculeux. Ils ont le visage rouge, la bouche grande, les dents, lorsqu'elles n'ont pas été artificiellement colorées, extrêmement belles et le menton un peu carré. Les angles de la mâchoire inférieure sont très-saillants, les pommettes des joues très-élevées, et par suite les joues sont un peu creuses. Le nez est petit et court, jamais saillant, ni épaté. Ils ont les yeux petits et noirs. Le teint est généralement brun, mais avec des nuances qui varient un peu dans chaque tribu. Ni le climat, ni les habitudes sociales ne paraissent avoir occasionné ces différences (1).

Domeny de Rienzi, qui avait longtemps séjourné parmi les Malays, en fait un portrait qui s'écarte un peu du précédent, mais dont les divergences s'expliquent par les traits particuliers qu'offrent les populations qu'il avait sous les yeux.

Les Malays, dit-il, établis sur presque toutes les côtes de l'Océanie occidentale, semblent tenir des Hindous et des Chinois. Mais leur peau se rapproche du rouge de brique foncé des Illinois et des Caraïbes, et quelquefois du blanc ou du noir, grâce au mélange des peuples. A Timor on en voit de rouges foncés et d'autres tannés; à Bornéo ils ont le teint plus clair; à Ternate ils sont très-basanés et tirant sur le bistre. La grosseur de la tête des Malays est moindre que

(1) J. Crawfurd, Indian archipelago, t. I, p. 19 et 20.

le septième de leur hauteur. Leur nez est gros, court et quelquefois épaté. Leur bouche est très-large, même chez les femmes. Ils ont la taille bien faite, la stature moyenne et carrée et peu d'embonpoint. Leurs pieds, quoiqu'ils marchent sans chaussures, sont très petits (1).

La seconde variété de la race jaune, celle des archipels de la Polynésie, diffère assez sensiblement de la race du grand archipel d'Asie, par la description qu'en a tracée notre consul à Tahiti, M. Moerenhout.

Les mêmes traits physiques, raconte ce voyageur, distinguent tous ces insulaires depuis l'île de Pâques jusqu'à la Nouvelle-Zélande, jusqu'aux îles des Amis et de Sandwich. Un teint olivâtre tirant sur le brun, mais non pas cuivré, variant peu dans les différentes îles. Une stature élevée et beaucoup au-dessus de la taille moyenne, des membres nerveux et parfaitement dessinés, un front élevé, la contenance ouverte, les yeux noirs, grands, vifs et pleins d'expression, le nez très-peu aplati, la bouche très-belle, quoique les lèvres soient généralement plus grosses que celles de la race blanche ; la denture superbe, la face ovale, et dont l'angle égale souvent celui des blancs et s'en approche toujours ; les cheveux noirs et frisant à larges boucles (2).

La race noire de l'Océanie est encore très-imparfaitement connue. On a constaté cependant qu'il en

(1) Océanie, t. I, p. 17.
(2) Voyage aux îles du Grand Océan ; t. II, p. 248.

existe deux variétés. La première, les Papous, habite la Nouvelle-Guinée et les îles voisines, et s'est répandue sous divers noms dans tout l'archipel d'Asie, à Formose et même jusqu'à Madagascar. Ces peuples ont la taille assez élevée, la peau noire et luisante avec un huitième environ de jaune. Leur angle facial est de 69 degrés au maximum et de 63 ou 64 au minimum. Leurs cheveux sont noirs, sans être lisses ni crépus, mais laineux, assez fins et frisant beaucoup. On pourrait les considérer comme formant une race métive, plutôt que noire. La seconde variété se retrouve dans l'Australie et dans les archipels à l'est de ce continent, comme la Nouvelle Calédonie et la plupart des îles du Saint-Esprit. Elle est d'une coloration noire moins foncée que celle des nègres d'Afrique, mais d'une teinte plus jaunâtre que la peau des Papous, et tirant vers la couleur de la suie vieille et terne. Plusieurs tribus ont une teinte bistre plutôt que noire. La boîte osseuse du crâne est passablement ronde, le front fuyant en arrière. Ils ont les cheveux floconnés et ordinairement crépus, la bouche d'une grandeur démesurée, le nez fort large et épaté, les narines très-ouvertes, les dents un peu proclives, mais d'un bel émail. L'angle facial est très-aigu : il a de 60 à 66 degrés, tandis que celui de l'orang-outang est généralement de 62 à 66. Faibles et abruties, ces populations ne tarderont pas sans doute à disparaître tout à fait au contact de la race européenne envahissant chaque jour de plus en plus les pays où elles traînent une vie errante et misérable.

L'affinité des idiomes qu'embrasse l'espace immense qui s'étend depuis le cap de Bonne-Espérance jusqu'aux îles les plus reculées à l'est dans l'Océan pacifique, affinité qui en fait une grande famille de langues, aussi féconde en investigations que les familles indo-européennes et sémitiques, est une des plus curieuses découvertes de l'érudition moderne. Entrevue dans le siècle dernier par les célèbres navigateurs Cook et Bougainville, et par le naturaliste Forster, et plus tard prouvée par Marsden et d'Urville, elle a fourni à Guill. de Humboldt l'une des démonstrations les plus ingénieuses et les plus riches de preuves certaines que la philologie ait produites. Grâces aux travaux de ce linguiste, qui joignait à la plus vaste érudition, ou pour parler plus exactement, à une science universelle les vues philosophiques les plus profondes, l'étude des langues océaniennes, s'est élevée au niveau de l'étude savante dont les autres idiomes de l'Orient sont depuis longtemps l'objet. Dans son ouvrage sur le Kawi, le langage poétique et sacré de l'antique Java, il a proposé le terme de *dialectes malays* pour désigner d'une manière générale la famille d'idiomes des peuples océaniens de race jaune. Cette famille porte dans quelques auteurs le nom de *polynésienne*. Mais ce nom est purement géographique, et pourrait s'appliquer dans un sens absolu à tous les dialectes de l'Océanie, en y comprenant même ceux des populations de couleur

noire. Dans sa signification étymologique et radicale, il exprime seulement l'idée que ces dialectes
se sont répandus dans une multitude considérable
d'îles, et n'indique point les rapports qui les unissent
l'un à l'autre. Il est cependant d'une grande impor-
tance dans les recherches philologiques pour par-
venir à une classification exacte des langues du
globe, de bien constater ces rapports et les bases
sur lesquelles ils reposent, afin de ne créer que des
dénominations vraies et suggérées par la nature
même des choses. D'ailleurs le mot *polynésien* a
l'inconvénient d'avoir été employé par les linguistes
et les voyageurs dans des acceptions très-diverses,
et ce défaut de fixité se manifeste même dans les
écrivains anglais auxquels nous sommes redevables
de tout ce que nous savons sur cette partie de
l'ethnographie. Dans l'opinion de Guill. de Humboldt il serait à désirer que chaque famille de langues prît le nom de son principal dialecte, de celui
qui est la tige d'où les autres sont sortis. Mais
comme cette origine ainsi que l'antiquité relative
de chaque branche ne sauraient être déterminées
avec exactitude, une dénomination réellement sub-
jective et appropriée à la linguistique est alors
préférable à une désignation conçue sous un point
de vue purement objectif. Dans chaque famille de
langue, il y en a une qui peut être prise comme type
pour y rapporter tout ce qui caractérise chacun des
dialectes congénères, comme racines, formes grammaticales, construction, et qui est propre à expli-

quer l'organisme de l'ensemble. L'un des dialectes des Philippines, le tagala, est celui de tout le système océanien qui par la richesse de sa nomenclature lexicographique, par la perfection de ses formes grammaticales, a été regardé par le savant orientaliste prussien comme se prêtant le mieux à cette comparaison. Très-rapproché du malay, il peut être d'un très-grand secours dans l'étude psychologique de cet idiome et de ses nombreuses variétés locales. La grammaire tagala est à celle des langues de la même souche ce que la grammaire sanskrite est à celle des dialectes indo-européens. L'influence des institutions indiennes et celle de l'islamisme qui se sont empreintes si profondément à Java et à Sumatra, n'en ont en rien altéré le mécanisme. Néanmoins Guill. de Humboldt s'est décidé à imposer au système des langues océaniennes des peuples de race jaune le nom de *famille malaye*, quoique le malay, proprement dit, pauvre de formes grammaticales, simple et souvent très-obscur dans sa phraséologie, ne puisse jeter que bien peu de jour sur la nature des dialectes de cette famille. Mais dans ce choix il a eu en vue, non point le caractère de cette langue et le rang qu'elle tient parmi les branches collatérales, mais la vaste extension qu'elle a prise dans les mers d'Orient. Il est vrai que cette simplicité a aussi ses avantages, puisqu'elle a fait du Malay un instrument général de communication, une véritable *lingua franca*, tandis que le madécasse, le javanais et le tagala, d'une structure très-complexe, n'ont jamais franchi les limites des pays où ils sont en usage et sont demeurés à l'état d'idiomes endémiques.

La diffusion de la race malaye sur les flots de l'Océan Indien et de la Mer Pacifique tient au penchant décidé pour le commerce et la navigation qu'elle a manifesté à toutes les époques et qui est inhérent à la position insulaire qu'elle occupe. J'ai montré ailleurs (1), d'après le témoignage du géographe arabe Edrisi qui vivait au XIIe siècle de notre ère, que, déjà dans les temps voisins de la naissance de Jésus-Christ les Malays se rendaient en Afrique dans le Zanguebar, avec de grands et de petits navires chargés de marchandises, et que ces relations étaient assez fréquentes pour que les habitants des deux pays fussent parvenus à comprendre la langues les uns des autres. Le même auteur raconte que les gens du Zabedj c'est-à-dire de Java, allaient chercher du fer dans le Sofala en Afrique pour le transporter dans l'Inde et dans les îles qui avoisinent la Péninsule du Dekan et pour l'y vendre. Il ajoute que ces marchands étaient liés de commerce et d'amitié avec les habitants de la ville de Djebesta dans le Sofala (2).

Un autre écrivain arabe, le célèbre voyageur Ibn-Batboutha qui, dans le XIVe siècle parcourut tout le monde connu à cette époque, raconte que

(1) Journal Asiatique, cahier d'août et septembre 1846.

(2) Edrisi, Nozet-al-Moschtak, ms. de la Bibliothèque Nationale, Suppl. arabe N° 656, fol. 15 v^b, 17 r° et 20 r°.

les Malays fréquentaient Calicut sur la côte occidentale de la presqu'île en deçà du Gange, et que le Sultan de Sumatra entretenait des rapports diplomatiques avec l'Empereur de Dehli, pour assurer sans doute et régulariser l'exercice de ce commerce (1).

La classification des langues océaniennes proposée par Guill. de Humbolt admet deux groupes principaux, les dialectes de l'Océanie occidentale, à partir de Madagascar jusqu'à la nouvelle-Guinée (westlich maleische sprachstamm) et les dialectes qui règnent à l'est de cette dernière limite, c'est-à-dire dans l'Océanie orientale ou les archipels de la Polynésie (östlich maleische sprachstamm). Ce sont les langues des peuples de race jaune. Si l'on voulait y réunir celles des populations de couleur noire, on aurait l'ensemble des dialectes parlés dans toute cette division du globe, et l'on pourrait les partager en deux grandes familles, les dialectes de la race jaune et ceux de la race noire, en les comprenant tous sous la dénomination commune d'*idiomes océaniens*. Il ne sera ici question que de la première de ces deux familles.

Quelle est la cause de cette uniformité constante sous laquelle nous apparaissent tous les dialectes auxquels cette famille a donné naissance dans un espace de près de deux cents degrés en longitude,

(1) Ibn-Bathoutha, Tohfet-al-Nazhzhar ; ms. de la Biblioth. Nationale, Suppl. arabe, N° 667, fol. 61 v° et 81 r°.

c'est-à-dire de plus de la moitié de la circonférence
du globe? quels lieux furent son berceau? est-elle
originaire de l'Asie ou bien fut-elle un produit
spontané du sol sur lequel elle s'est développée?
ce sont là des questions auxquelles la science ne peut
répondre encore que par des hypothèses. Pour les
résoudre M. Crawfurd a imaginé de faire descendre
ces dialectes d'une langue primitive appelée par
lui le *grand polynésien* (great polynesian) et dont
il prétend avoir retrouvé les débris dans une suite
de mots analogues de forme et de signification qu'il
a rassemblés dans divers vocabulaires océaniens.
Mais qui ne voit que ce mode d'investigation repose
entièrement sur un fait qui se présente dans toutes
les grandes familles de langues, à savoir que certains
mots parcourent toute la famille, tandis que d'autres
ne se rencontrent que dans des dialectes particuliers.
L'étendue ou le mérite d'une liste réligée d'après
la méthode de M. Crawfurd dépend, du degré
d'exactitude apporté dans les recherches qu'elle
exige et du plus ou moins d'abondance des secours
que l'on a sous la main. Par cela même qu'un mot
se montre seulement dans l'une des branches d'une
famille, il ne s'ensuit pas qu'il soit étranger à la
langue primitive, si l'on suppose qu'une telle langue
ait jamais existé. Pour rendre une idée ou un fait,
il se produit souvent plusieurs expressions dont la
propagation ou la durée est l'ouvrage du hasard.
Tout ce qu'il est permis d'affirmer des langues
océaniennes, c'est qu'elles sont sorties d'une même

souche par une descendance analogue à celle des idiomes européens dérivés, comme on le sait aujourd'hui, d'une source commune à laquelle on ferait de vains efforts pour remonter. La ressemblance des dialectes océaniens peut très-bien s'expliquer par l'action qu'ont dû exercer sur des peuples congénères les relations de commerce ou de voisinage, une parenté originelle et l'uniformité de la vie sociale. La configuration insulaire du monde océanien a dû donner à ces relations un caractère tout spécial. Lorsqu'on lit les récits des voyageurs qui ont parcouru l'Océanie, on voit combien le commerce que font entre elles ces populations est actif et étendu, et leur histoire prouve à quel point la mer a facilité leurs courses vers les points les plus éloignés.

Ces considérations nous conduisent à examiner quelle est la nature des rapports qui forment le lien des dialectes de la famille océanienne. M. Crawfurd pense avec raison que l'archipel d'Asie est le point de départ des colonies qui sont venues peupler Madagascar et la source de la civilisation de cette grande île. C'est avec autant de fondement qu'il rapporte ces migrations à des temps très-reculés et antérieurs à l'époque où l'archipel d'Asie subit l'influence indienne. L'arrivée de ces colonies à Madagascar peut être considérée comme le résultat de quelque révolution sociale ou religieuse, que nous ignorons aujourd'hui, et le commerce fraya sans doute aux Malays les voies de cette invasion. Il est

rare que nous ayons la forme véritablement des mots
madécasses, soit à cause de l'orthographe divergente
et souvent étrange employée pour les transcrire et
de la négligence des voyageurs à les recueillir cor-
rectement, soit à cause de la différence des dialectes
locaux. Lorsque ces chances d'erreurs n'ont pas
lieu, des exemples nombreux prouvent que le madécasse a conservé le plus souvent la forme archaï-
que des mots de la famille, et que la ressemblance
de cet idiome avec les dialectes de l'archipel d'Asie,
n'existe pas seulement dans des expressions que
l'on pourrait croire importées par la conquête ou
par une civilisation supérieure, mais dans des mots
rappelant des idées fondamentales et les notions les
plus simples. Cette similitude cependant n'est pas
tellement profonde que l'on puisse en attribuer
l'origine à tel ou tel idiome de la famille. Il y a
lieu de croire qu'elle provient des mêmes causes
que celles qui donnèrent naissance aux principaux
dialectes de cette famille, c'est-à-dire du fraction-
nement successif de petites peuplades voisines, issues
d'un tronc commun.

L'archipel d'Asie, qui comprend entre Sumatra
et la nouvelle Guinée toutes les îles qui s'étendent
entre le 11° de latitude sud et le 19° de latitude
nord, formant un ensemble aggloméré, quoique
morcelé en une foule de petites principautés, on
conçoit que la parenté des idiomes y soit plus intime entre eux qu'avec le madécasse à l'ouest et les
dialectes de la mer du sud à l'est. Ce qui distingue

ces idiomes, c'est qu'ils ont été fixés par l'écriture qu'ils ont produit des monuments littéraires et qu'ils sont parlés par les peuples de race océanienne les plus avancés dans la carrière de la civilisation. Quoique ces progrès soient en partie spontanés, puisque ces peuples se sont créés des institutions nationales, il faut reconnaître néanmoins que leur état social et intellectuel et leurs langages ont reçu de très-grandes modifications par leur contact avec les nations asiatiques dans le voisinage desquelles ils vivent. Les langues chinoise et japonaise, et celles de la péninsule transgangétique témoignent par un certain nombre de particularités qui leur sont communes avec les idiomes des insulaires de l'archipel d'Asie, que toutes ces nations ont pris part à un même mouvement de civilisation. Les doctrines indiennes et musulmanes ont aussi laissé des traces multipliées et fortement marquées dans l'archipel d'Asie, comme j'ai déjà eu l'occasion de le dire. Mais cette influence doit être considérée comme récente, si on la compare à celle qui émane de l'Asie orientale, quoique les rapports de l'Inde avec le monde océanien datent des siècles antérieurs à notre ère.

Les dialectes de la mer du Sud offrent, suivant Guill. de Humboldt, le type le plus ancien de la famille océanienne. Il ne faut pas conclure de là que l'archipel d'Asie ait été peuplé par les insulaires de la Polynésie. L'hypothèse contraire me parait beaucoup plus vraisemblable.

L'opinion de ce savant philologue, que les langues de l'Océanie orientales sont de formation plus ancienne que celles de l'Océanie occidentale et qu'elles en sont le point de départ, n'a pas été partagée par M. Ed. Buschmann, son élève et son continuateur. Suivant lui, cet état de pauvreté phonique, c'est-à-dire l'usage d'un nombre restreint et très-peu varié de sons qu'affectent les idiomes de l'Océanie orientale, n'est pas tant l'état naturel d'une langue prise à sa naissance qu'une détérioration du type vigoureux des langues océaniennes occidentales, produite par un peuple qui a peu d'aptitude pour nuancer les inflexions de l'organe vocal. « Je ne prétends pas, dit-il, présenter un jugement général sur la formation successive des langues malayes, et sur le perfectionnement progressif de leurs formes. Il est aussi difficile dans ces idiomes que dans tout autre famille philologique de décider *à priori* si la formation la plus riche et la plus arrondie a été le type ébauché au moment de la création de la langue et duquel sont sortis par dégénération les formes plus mesquines, ou si au contraire cette abondance de sons et de formes est un progrès fait à la suite d'un point de départ bien inférieur. L'un et l'autre cas ont eu lieu dans les langues, et quelquefois ils ont agi simultanément (1). »

Si on considère avec attention les traits caractéristiques de la grammaire des langues océaniennes,

(1) Aperçu de la langue des îles Marquises et de la langue Taïtienne, Berlin, 1843, in-8°, p. 37.

l'on se convaincra que ces traits ont entre eux une si grande analogie, qu'elles semblent posséder un seul et même système grammatical. Les formes dont il dispose, quoique très-multipliées, peuvent être ramenées à un point de vue commun. Aucun de ces dialectes n'attribue au nom des genres ou des cas, ni des personnes au verbe, ils ne procèdent ni par flexion ni par agglutination, mais indiquent les rapports des mots en construction par des particules qui ont une valeur tout à fait différente du radical. Ils s'éloignent ainsi d'une manière bien tranchée des langues à flexion, comme le sanskrit, ou des langues formées par agglutination, comme celles de la famille américaine. Ils inclinent plutôt vers le génie de la langue chinoise, avec cette différence néanmoins qu'ils modifient la signification fondamentale des mots au moyen de syllabes additionnelles qui se combinent en affixes avec la racine dans les dialectes de l'archipel d'Asie, et qui s'emploient tantôt isolément, tantôt unies à la racine dans ceux de la Polynésie. Ces affixes servent à déterminer l'espèce ou la qualité des mots, à en faire un substantif, un verbe ou telle autre partie du discours. La fusion de ces parties accessoires et du radical est régie par des lois euphoniques très-rigoureuses. Les mots éprouvent des permutations de lettres, des déplacements d'accents, et offrent ainsi le phénomène étrange de l'emploi de formes grammaticales compliquées au plus haut point, et en même temps d'une déclinaison et d'une conjugaison extrêmement simples. Une particularité propre aux langues de cette famille, c'est que le pronom ne se lie au verbe que d'une manière très-incertaine et flottante pour ainsi dire, et qu'il n'est pas suppléé par des marques de personnes, tandis qu'au contraire, dans les langues américaines, le pronom fait corps, non-seulement avec le verbe, mais aussi avec le nom par une agrégation très-intime.

En malay et en javanais, les créations qui émanent de la combinaison du radical et des affixes ne sont pas toutes conçues d'après un modèle uniforme ; il y a des mots qui prennent une, deux ou plusieurs affixes, et d'autres qui en sont entièrement dépourvus. Ce fait est d'autant plus curieux à observer qu'il nous révèle l'existence de deux phases dans le développement de ces deux derniers idiomes. La première, qui est la plus ancienne, est celle où ils ne comportaient point ces créments et se rapprochaient dans cet état primitif et rudimentaire des langues de l'Asie orientale. La seconde, plus récente, quoique antérieure à tout souvenir historique, marque l'époque où l'usage des affixes fut introduit comme un perfectionnement.

Dans l'Océanie orientale, la structure des mots est très-simple. Chaque syllabe se compose d'une consonne que suit une voyelle ou bien d'une seule voyelle. Aucun mot ne peut contenir deux consonnes consécutives ni être terminé autrement que par une voyelle. Les monosyllabes ne s'y rencontrent que rarement, à moins qu'ils ne soient redoublés, comme cela arrive quelquefois. Les mots qui comptent plus de deux syllabes sont des dérivés ou des emprunts faits à une langue étrangère. En malay, la plupart des mots sont dissyllabes, et consistent dans la réduplication de la racine monosyllabique ou dans la racine elle-même terminée par une nasale. Les idiomes océaniens peuvent donc être considérés comme monosyllabiques par essence et comme pouvant être assimilés dans cet état à ceux de l'Asie orientale, ce qui semble nous autoriser à en chercher les origines dans cette partie de ce vaste continent.

La série des sons qu'admettent les dialectes de la Polynésie est, d'après la remarque que j'ai déjà empruntée à M. Buschmann, très-limitée. La classe des linguales et celle des aspirées leur manquent entièrement, si du moins on s'en rapporte à leurs alphabets écrits. Quelques-unes ont de véritables aspirations ; mais on n'y aperçoit aucune trace d'un système régulier de consonnes aspirées mises en correspondances avec leurs consonnes simples. Les nasales en revanche sont très-fréquentes, surtout à la fin des mots et même au commencement. Plusieurs voyelles se confondent souvent dans la prononciation. Ces dialectes sont, pour la plupart, privés de sifflantes. Leur tendance générale est d'effacer par degrés la nuance qui distingue les consonnes homogènes et d'atténuer celles qui ont une individualité marquée.

Les insulaires qui les parlent paraissent n'avoir jamais imaginé aucun système graphique pour les transcrire et s'être élevés jusqu'à la conception de l'écriture. Ils n'ont point par conséquent de littérature : mais il s'est développé chez eux , soûs l'inspiration d'un sentiment souvent très-réel du beau , une poésie populaire et traditionnelle. D'ailleurs l'exemple des anciens Mexicains prouve qu'une nation peut atteindre jusqu'à un certain degré de culture intellectuelle et de grandeur politique, sans connaître l'*art sublime* de peindre les sons de l'organe vocal. Ce n'est que dans les derniers temps que les missionnaires anglais ont communiqué à ces insulaires un alphabet qui n'est qu'une reproduction aussi bien appliquée que possible, mais souvent très-vague, des lettres latines.

Dans l'archipel d'Asie, au contraire, l'invention et l'usage de l'écriture datent d'une très-haute antiquité. Les alphabets des Philippines, de Célèbes, de Java et de Sumatra, autres que l'alphabet arabe adopté par les Malays à une époque comparativement récente, c'est-à-dire vers le xiiie siècle de notre ère, sont fondés sur le même principe que l'alphabet sanscrit ou Dévanâgari et paraissent en être une imitation. Peut-être aussi faut-il penser avec Guill. de Humboldt, qu'ils sont d'origine inconnue, et que le modèle d'après lequel l'idée en a été conçue a servi de base au Dévanâgari lui-même, tout en reconnaissant que c'est dans l'Inde que ce dernier alphabet a reçu les perfectionnements qu'il nous offre aujourd'hui (1).

(1) Lettre de Guill. de Humboldt à M. Jacquet sur les al-

J'ai montré comment la distinction qui existe dans le caractère physique des deux variétés des peuples océaniens de race jaune, se reproduit dans le langage de ces peuples, et le parfait accord des données de l'ethnographie et de la linguistique. J'ai fait voir comment le groupe des dialectes malays s'étend avec la race jaune occidentale dans toute la mer des Indes, depuis la côte occidentale d'Afrique jusqu'à la Nouvelle-Guinée; et comment après avoir franchi un intervalle de 70 degrés occupé par la race noire et qui sépare la Malaisie d'avec les archipels polynésiens, l'on retrouve la race jaune orientale et la branche des dialectes océaniens de l'est.

Si maintenant, guidés par Guill. de Humboldt, nous voulons mesurer le plus ou moins de tendance que chacun des idiomes de la famille océanienne manifeste pour la création et l'emploi des formes grammaticales et le degré de développement qu'il a pris sous ce rapport, nous avons à établir avec lui dans l'ensemble de ces idiomes une triple division.

A la première appartiennent le tahitien et la langue des Marquises qui n'en est qu'un dialecte très-rapproché, le nouveau-zélandais et les langues de Hawaii et Tonga. Ces idiomes convergent plus que tous les autres vers le système grammatical du chinois. Ils expriment les rapports logiques des mots en construction au moyen de particules

phabets de la Polynésie asiatique, à la fin du tome II de son ouvrage sur le Kawi.

séparées des racines dont elles modifient le sens. Parmi ces particules, plusieurs peuvent quelquefois s'allier à la racine, mais sans occasionner aucun changement euphonique.

Les dialectes de cette fraction de la famille océanienne présentent une construction bien arrêtée, une phraséologie claire et facile. La série de leurs pronoms est plus simple et en même temps plus complète que dans les idiomes de la branche malaye. Le dialecte tonga s'écarte un peu du type général de la souche orientale. Il n'a qu'un petit nombre de particules, et plusieurs s'incorporent très-étroitement avec la racine. Il participe, comme l'a très-bien fait remarquer M. Buschmann, du caractère des langues de l'archipel d'Asie, et forme la transition entre elles et celles de la Polynésie.

Dans la seconde classe, Guill. de Humboldt a rangé le tagala et le madécasse.

Lorsque l'on passe de l'étude des dialectes de la Polynésie à celle du tagala, on se croirait, au premier aspect, transporté dans un tout autre monde. Le tagala procède à la création des mots par des moyens très-artificiels, et les lois qui en régissent la dérivation sont très-complexes et très-multipliées. Mais en examinant attentivement sa grammaire, l'on y découvre le même système que dans les langues de l'Océanie orientale. Une absence complète de flexions dans la déclinaison et la conjugaison, ainsi que l'indication des rapports logiques des mots à l'aide de particules isolées. L'usage des

affixes destinées à nuancer l'idée radicale, y est
poussé aussi loin que possible. Le verbe subit dix-
sept modifications que l'on pourrait comparer aux
conjugaisons arabes, quoiqu'au fond elles en diffèrent considérablement, et à chacune desquelles
correspond un actif et un passif. Chaque verbe suit
une ou plusieurs de ces conjugaisons, et alors il
n'est pas facile de dégager la racine verbale des
formes très-compliquées qui en résultent.

La grammaire madécasse est plus simple que la
grammaire tagala ; mais elle admet comme elle un
système d'affixes beaucoup plus développé que le
malay. Elle incline vers le tagala par cette propriété
que Guill. de Humboldt a eu en vue lorsqu'il a
rangé ces deux idiomes dans la même catégorie.

En troisième lieu vient le malay. Cette langue se
distingue des autres rameaux de la souche océanienne par la privation de ce grand nombre de
particules isolées des dialectes de la Polynésie, par
un éloignement prononcé pour cette sorte de bégaye-
ment enfantin que ces dialectes font entendre, et
par l'absence de cette richesse de formes grammaticales qui est particulière au tagala. La simplicité
de sa phraséologie, simplicité qui n'exclut point la
souplesse et la précision, pourrait permettre peut-
être de l'assimiler au persan et à l'anglais. C'est cette
qualité, pour laquelle le malay surpasse tous les dialectes congénères, qui l'a rendu depuis des siècles
pour des nations entièrement étrangères l'une à
l'autre de race ou de langage, le lien général de

toutes les transactions et de tous les rapports que la
navigation et le commerce peuvent créer ; aussi
est-il parlé aujourd'hui, non-seulement dans l'archipel d'Asie, mais encore sur les côtes de la
péninsule transgangétique, dans l'océan indien et
dans les mers de Chine et du Japon. Il suffit de jeter
les yeux sur le nouveau tarif des importations et
exportations du Céleste Empire pour se convaincre
que la majeure partie des termes de cette nomenclature, et jusqu'aux noms des poids et mesures sont
purement malays.

Comme langue savante, le malay reflète dans sa
littérature l'influence des trois civilisations indigène, indoue et musulmane, qui ont prédominé
tour à tour dans l'archipel d'Asie. Plusieurs de ses
productions littéraires sont nées de l'esprit et des
doctrines de chacun de ces trois systèmes sociaux,
et d'autres en présentent le plus curieux mélange.
Des circonstances politiques ont évidemment exercé
une action très-puissante sur la formation de cet
idiome. Car la série de ses pronoms porte des traces
de ce cérémonial servile qui est le cachet de la po-
litesse asiatique, tandis que les pronoms dans les
dialectes océaniens de l'est en sont restés exempts.

Nous avons trouvé quelques points de contact
entre le système grammatical des dialectes océaniens et celui des langues de l'Asie orientale de la
famille chinoise. A cet égard il y a une distinction
à faire : le manque de flexions est un trait qui
leur est commun, mais le mode de formation

des mots diffère dans les deux familles, à partir des dialectes de l'Océanie orientale qui, sous ce point de vue, s'écartent très-peu du chinois, jusqu'au madécasse et au tagala qui s'en éloignent tout à fait. Pour la pénurie des formes grammaticales, les dialectes de la Polynésie et le malay peuvent être placés sur la même ligne.

Parmi ces dialectes il en est deux, le tahitien et celui des Marquises, qui, depuis l'occupation française de ces deux archipels, ont acquis pour nous un nouvel intérêt et ont fourni la matière de plusieurs publications en France et en Allemagne. L'idiome des Marquises avait été jusqu'à présent peu étudié. Nous n'avions qu'une liste de quelques mots du dialecte de Santa Cristina, l'une des îles de cet archipel, recueillis par M. Roblet, chirurgien de l'expédition commandée par le capitaine Marchand qui visita les Marquises en 1784; une autre liste, rédigée en 1802 par de Langsdorff, naturaliste attaché à l'expédition de l'amiral russe Krusenstern, et enfin une troisième liste publiée par M. John Williams, dans son récit des pérégrinations entreprises par les missionnaires anglais dans les îles de la mer du Sud. L'un de ces missionnaires, le Révérend Greathead, avait composé une grammaire marquésane, mais il paraît qu'elle n'a jamais vu le jour. En 1826 les méthodistes imprimèrent à Tahiti un abécédaire marquésan. La bibliothèque royale de Berlin possède un vocabulaire recueilli dans trois îles de l'archipel des Marquises, Santa Cristina,

la Dominica et San Pedro, par John Reynold Forster,
Edgecomb, lieutenant de marine et Drawwater,
chirurgien, qui tous trois firent partie du voyage
de circumnavigation du capitaine Cook. C'est en
s'aidant de ces documents, qu'un professeur alle-
mand, dont j'ai déjà eu l'occasion de citer le nom
avec éloge dans ce travail, M. Ed. Buschmann, a
compilé un vocabulaire de la langue des Marquises.
Nous devons à un ancien membre de la congrégation
de Picpus, le père Mathias Gracia, qui a résidé
pendant plusieurs années en qualité de missionnaire
aux Marquises, et sur d'autres points de l'Océanie,
un essai de grammaire marquésane qui fait partie
des lettres qu'il a publiées en 1845 sur cet archipel.
Enfin un autre membre de la même association religieuse, M. l'abbé Boniface Mosblech, qui s'est
livré à de grands travaux de philologie comparée,
s'est attaché à coordonner tous les matériaux rassemblés par ses confrères sur les langues de la
Polynésie en un volume très-intéressant dans lequel il a réuni des mots empruntés aux dialectes
marquésan, tahitien et hawaii (1).

La langue des Iles de la Société, cultivée par les
Européens depuis la fin du siècle dernier, a déjà
donné lieu à des travaux assez considérables. La
position centrale de Tahiti dans ces mers, la richesse de ses productions naturelles, et les charmes
de son climat tant célébrés dans les récits de Cook

____

(1) Vocabulaire océanien-français et français-océanien ; Paris,
1843, in-12.

et de Bougainville, en ont fait le principal lieu de re-
lâche des navires qui cheminent sur les flots de l'O-
céan Pacifique. Ces deux illustres navigateurs,
ainsi que Forster et le dessinateur Parkinson qui
étaient associés à l'expédition de Cook, firent pa-
raître chacun un vocabulaire du langage de Tahiti,
dans la relation de leurs voyages. Peu de temps après
ces explorations, Tahiti devint le siége principal
des missions dans la mer du Sud, et les hommes
généreux et dévoués qui y portèrent la parole de
l'Évangile durent pour attirer à eux les indigènes,
pour les initier à la vie religieuse et leur en apprendre les doctrines et les pratiques, se livrer à
une étude approfondie de leur idiome : ils entre-
prirent avec une patience inimaginable de peindre,
au moyen des caractères européens, les sons si in-
certains et si fugitifs dont il se compose. Puis,
cette tâche une fois accomplie, ils enseignèrent à
ces populations à lire cet idiome ainsi fixé par l'é-
criture. Les ouvrages sortis des presses des Iles
de la Société et appropriés à l'instruction élémen-
taire ou à l'éducation religieuse des Tahitiens, sont
déjà nombreux, et forment une curieuse bibliogra-
phie. La traduction de la Bible entière, fruit d'une
application et d'un zèle soutenus pendant de lon-
gues années, est un travail qui, même au point
de vue philologique, le seul que nous ayons ici
en vue, mérite toute notre admiration. Elle a été
publiée à Londres en 1838 par la Société Biblique.
M. Moerenhout a consigné dans sa Description des

îles du grand Océan une suite de textes relatifs aux croyances primitives de ces peuples. Deux de ces fragments, *la Cosmogonie* et *la Légende de la naissance des étoiles*, présentent des pensées d'une grande élévation et empreintes d'un profond mysticisme, et se rattachent évidemment à un vaste système religieux, dont les débris, quoique très-incomplets, attestent la grandeur et la haute antiquité.

Je ne répéterai point ici ce que j'ai dit des travaux que Guill. de Humboldt a consacrés à la langue tahitienne dans son bel ouvrage sur le kawi. Elle avait été de sa part l'objet d'une étude approfondie. Parmi les publications que ce savant linguiste avait préparées, figure un vocabulaire tahitien, rédigé par lui d'après les manuscrits de Forster, déposé à la Bibliothèque royale de Berlin; il a été imprimé après sa mort par les soins de M. Buschmann, qui l'a enrichi de très-ingénieuses dissertations. Nous savons qu'un des missionnaires anglais à Tahiti, distingué par son érudition, M. Orsmond, a rassemblé une collection de chants populaires de cet archipel. De quel intérêt ne serait pas la publication de ce recueil pour connaître les origines, la religion nationale et la vie intime de ces insulaires!

Je viens d'exposer l'état actuel de la science ethnographique et philologique sur les peuples océaniens de race jaune. Plus tard nous essayerons d'aborder l'étude des populations de couleur noire. Quoique les matériaux fournis sur ce sujet soient encore en petit nombre, nous pourrons trouver cependant dans les grammaires et les lexiques qui ont paru depuis quelques années plus d'une précieuse et utile indication. Les habitants de l'Océanie, si l'on en excepte ceux de la Malaisie, chez lesquels le voisinage de l'Asie a développé une civilisation supérieure, n'ont pas de monuments historiques écrits. Mais il est possible de suppléer jusqu'à un certain point à cette lacune, en consultant leurs poésies traditionnelles et leurs idiomes. Une langue, comme l'a dit un savant et spirituel philologue, enlevé par une mort prématurée aux lettres orientales qu'il cultivait avec tant d'éclat, Abel Rémusat, une langue est le miroir le plus fidèle de l'état intellectuel et social d'un peuple, et conserve l'empreinte ineffaçable des révolutions par lesquelles il a passé. Ce moyen d'investigation peut donc nous révéler peut-être le passé des nations océaniennes et nous apprendre si elles furent en communication avec l'ancien monde, comme il y a lieu de le soupçonner, si leurs institutions politiques et religieuses sont leur propre ouvrage ou une réminiscence de celles qu'elles eurent sous les yeux lorsqu'elles étaient encore dans le berceau qui les vit naître. La science est parvenue à établir que les migrations des insulaires océaniens de race jaune se sont accomplies de l'occident vers l'orient, que ces populations ne forment qu'une famille qui a un langage radicalement le même et des croyances religieuses, qui, avec quelques différences locales, sont les mêmes au fond. Il est avéré aussi que ce langage est d'ori-

gine asiatique, plutôt que de source américaine.
Cependant Guill. de Humboldt a constaté un fait
grammatical très-curieux et très-significatif commun aux dialectes de la Polynésie et à la langue
delaware, l'existence d'un double pluriel, inclusif
et exclusif, pour le pronom de la première per-
sonne. De nouvelles recherches nous montreront
s'il se rencontre d'autres identités entre les dialectes
océaniens et ceux de l'Amérique. Un philologue
français, M. Gustave d'Eichthal (1) a signalé aussi
quelques ressemblances entre ces dialectes et la langue des Foulah en Afrique. Les écrivains arabes
attestent en effet, comme le lecteur le sait déjà, que
les habitants de l'archipel d'Asie fréquentèrent, depuis une haute antiquité les côtes d'Afrique bai-
gnées par la mer des Indes. Ces affinités de langage
remarquées par M. d'Eichthal, peuvent très-bien
s'expliquer par les relations d'un commerce longtemps entretenu. Tout nous engage donc à chercher
l'origine des peuples océaniens dans l'Asie orientale, et à la rattacher à ce continent, où les traditions mosaïques, c'est-à-dire les souvenirs les plus
anciens et les plus authentiques qui nous soient
parvenus, nous apprennent que Dieu plaça la naissance de l'humanité

(1) Histoire et Origine des Foulah ou Fellans, dans le T. Ier
des Mémoires de la Société Ethnologique.